ORDONNANCE

PROVISOIRE

DU ROI,

Concernant la formation & la solde de l'Infanterie Françoise.

Du 12 Juillet 1784.

DE PAR LE ROI.

SA MAJESTÉ voulant que les dispositions qu'Elle a arrêtées relativement à la formation & à la solde de son Infanterie, & qui feront partie du Code qu'Elle se propose de donner à ses Troupes, aient incessamment leur exécution, Elle a ordonné & ordonne ce qui suit :

INFANTERIE FRANÇOISE.

ARTICLE PREMIER.

Composition des régimens.

CHAQUE régiment d'Infanterie Françoise, sera composé de deux bataillons.

2.

Gardes-françoises. Régiment d'Infanterie de Sa Majesté.

LE régiment des Gardes-françoises & le régiment d'Infanterie de Sa Majesté, resteront exceptés de cette règle, & conserveront le même nombre de bataillons dont ils sont maintenant composés ; Sa Majesté se réserve d'expliquer dans des Ordonnances particulières à chacun de ces deux Corps, sa volonté sur leur formation.

3.

Composition des bataillons.

LE premier bataillon de chaque régiment d'Infanterie Françoise, sera composé de quatre compagnies de Fusiliers & d'une de Grenadiers.

Le second le sera de quatre compagnies de Fusiliers & d'une de Chasseurs.

La compagnie de Grenadiers ou celle de Chasseurs ne sera cependant pas tellement nécessaire à son bataillon, qu'elle ne puisse en être détachée sans en altérer l'intégrité. Le bataillon restera alors formé de quatre compagnies de Fusiliers.

4.

Pied de paix & pied de guerre.

SA MAJESTÉ distinguera pour la composition de son Infanterie Françoise, un pied de paix & un pied de guerre.

5.

LE nombre des Officiers & des bas Officiers de tout grade, sera le même sur le pied de paix & sur le pied de guerre.

6.

Appointés.

SA MAJESTÉ veut bien rétablir le grade d'Appointé, en faveur des dix plus anciens Fusiliers, ainsi que des huit plus anciens Grenadiers ou Chasseurs de chaque compagnie ; & accorder le même grade au plus ancien Tambour de chaque bataillon.

7.

Compagnie de Fusiliers.

CHAQUE compagnie de Fusiliers sera composée sur le pied de paix, d'un Capitaine-commandant, d'un

Capitaine en ſecond, d'un Lieutenant en premier, (cette dénomination devant être ſubſtituée à celle de premier Lieutenant) d'un Lieutenant en ſecond, de deux Sous-lieutenans, d'un Sergent-major, d'un Fourrier, de cinq Sergens, de dix Caporaux, de dix Appointés, de quatre-vingt-dix Fuſiliers & de deux Tambours; au total de cent dix-neuf bas Officiers, Soldats & Tambours, commandés par ſix Officiers.

8.

CHAQUE compagnie de Fuſiliers ſera compoſée ſur le pied de guerre, d'un Capitaine-commandant, d'un Capitaine en ſecond, d'un Lieutenant en premier, d'un Lieutenant en ſecond, de deux Sous-lieutenans, d'un Sergent-major, d'un Fourrier, de cinq Sergens, de dix Caporaux, de dix Appointés, de cent quarante Fuſiliers & de trois Tambours; au total de cent ſoixante-dix bas Officiers, Soldats & Tambours, commandés par ſix Officiers.

9.

IL y aura un Soldat-charpentier dans le nombre des Fuſiliers de chaque compagnie : Il ſera choiſi parmi ceux qui ſeront le plus propres à ce ſervice; & il n'en ſera point d'autre à la guerre.

10.

LES Caporaux, les Appointés & les Fuſiliers de chaque compagnie, formeront dix eſcouades. *Eſcouades.*

Ainſi chaque eſcouade ſera compoſée, ſur le pied de paix, d'un Caporal, d'un Appointé & de neuf Fuſiliers.

Elle ſera compoſée, ſur le pied de guerre, d'un Caporal, d'un Appointé & de quatorze Fuſiliers.

11.

MAIS Sa Majeſté ſe réſerve d'ordonner des augmentations progreſſives entre le pied de paix & le pied de guerre, ſelon qu'Elle le jugera à propos.

12.

SA MAJESTÉ ſe réſerve de même de tenir les

efcouades de fon Infanterie au-deffous du pied de paix, fi Elle le jugeoit à propos, toute augmentation ou réduction ne portant que fur le nombre des Fufiliers de chaque efcouade, & jamais fur celui des bas Officiers, qui reftera conftamment le même.

13.

Compagnie de Grenadiers ou de Chaffeurs.

LA compagnie de Grenadiers & celle de Chaffeurs, feront formées de même nombre d'Officiers & de bas Officiers de différens grades, ainfi que de Grenadiers ou de Chaffeurs; & elles ne varieront pas du pied de paix au pied de guerre.

14.

ELLES feront compofées chacune d'un Capitaine-commandant, d'un Capitaine en fecond, d'un Lieutenant en premier, d'un Lieutenant en fecond, de deux Sous-lieutenans, d'un Sergent-major, d'un Fourrier, de quatre Sergens, de huit Caporaux, de huit Appointés, de foixante-douze Grenadiers ou Chaffeurs, & de deux Tambours; au total de quatre-vingt-feize bas Officiers, Grenadiers ou Chaffeurs & Tambours, commandés par fix Officiers.

15.

Efcouades.

LES Caporaux, les Appointés & les Grenadiers ou Chaffeurs de chaque compagnie, formeront huit efcouades.

Et chaque efcouade fera compofée, paix & guerre, d'un Caporal, d'un Appointé & de neuf Grenadiers ou Chaffeurs.

16.

Subdivifions de la compagnie de Fufiliers.

LES dix efcouades de chaque compagnie de Fufiliers, commandées chacune par un Caporal, formeront cinq fubdivifions de la compagnie, commandées chacune par un Sergent, & compofées de deux efcouades.

De Grenadiers ou de Chaffeurs.

Et les huit efcouades de chaque compagnie de Grenadiers ou de Chaffeurs, formeront de même quatre fubdivifions, commandées chacune par un Sergent, & compofées de deux efcouades.

17.

17.

LES cinq ſubdiviſions de la compagnie de Fuſiliers formeront deux diviſions de la compagnie ; la première, de trois ſubdiviſions, commandée par le Lieutenant en premier, & ſous ſes ordres par le premier Sous-lieutenant ; la ſeconde, de deux ſubdiviſions, commandée par le Lieutenant en ſecond, & ſous ſes ordres par le ſecond Sous-lieutenant.

Diviſions de la compagnie de Fuſiliers.

Et les quatre ſubdiviſions de la compagnie de Grenadiers & de celle de Chaſſeurs, formeront de même deux diviſions compoſées chacune de deux ſubdiviſions, & commandées, la première, par le Lieutenant en premier & le premier Sous-lieutenant ; & la ſeconde, par le Lieutenant en ſecond & le ſecond Sous-lieutenant.

De Grenadiers ou de Chaſſeurs.

18.

LES diviſions inégales des compagnies de Fuſiliers n'altéreront point l'égalité qui doit être conſervée dans celles de l'ordre de bataille ; celles dont il vient d'être queſtion n'étant relatives qu'à la police, à la diſcipline & au travail intérieur, & n'ayant pour objet que d'affecter plus particulièrement les ſoins & la vigilance des Officiers & bas Officiers aux diviſions, ſubdiviſions ou eſcouades qui leur ſont confiées.

19.

AINSI le Caporal ſera reſponſable de ſon eſcouade au Sergent de la ſubdiviſion duquel elle fait partie, le Sergent le ſera de ſa ſubdiviſion au Sous-lieutenant de la diviſion dans laquelle elle eſt compriſe, le Sous-lieutenant de chaque diviſion le ſera au Lieutenant qui la commande, le Lieutenant au Capitaine en ſecond, le Capitaine en ſecond au Capitaine-commandant, & chaque Capitaine-commandant ſera reſponſable de l'état de ſa compagnie au Major.

Commandement des eſcouades, ſubdiviſions, diviſions & compagnies, & comptes à rendre.

20.

TOUS les Tambours ſeront aux ordres du Tambour-major. Ceux de chaque bataillon formeront une eſcouade

Tambours, formés en eſcouades.

commandée ſous ſes ordres par le plus ancien Tambour; mais l'autorité du Tambour-major ſur les Tambours, n'empêchera point qu'ils ne reſtent ſoumis à celle des Officiers & bas Officiers des compagnies dont ils ſont partie.

Tambour-major.

21.

Sergent-major.

LE Sergent-major de chaque compagnie en commandera tous les bas Officiers & Soldats, ſubordonnément aux Officiers.

Ses fonctions.

Il ſera particulièrement chargé de tous les détails du ſervice & de la diſcipline, dont il ſera reſponſable aux Officiers de ſa compagnie.

Fourrier, ſes fonctions.

Le Fourrier aura le rang de Sergent, & commandera à ſon rang parmi eux. Il dreſſera tous les états & tiendra les livres & regiſtres, & il ſera reſponſable de tous les détails de diſtribution & de comptabilité au Quartier-maître. Il pourvoira au logement de la compagnie.

22.

Capitaines & Sous-lieutenans de remplacement.

INDÉPENDAMMENT des Capitaines-commandans & en ſecond, des Lieutenans en premier & en ſecond, & des deux Sous-lieutenans en pied, Sa Majeſté a jugé à propos d'attacher à la première compagnie de Fuſiliers de chaque bataillon, un *Capitaine de remplacement.*

Et à chaque compagnie de Fuſiliers, un *Sous-lieutenant de remplacement.*

23.

CES Officiers ne recevront point d'appointemens: ils auront ſeulement le logement quand ils ſeront à leur Corps; l'étape en route; & en temps de guerre, le pain & le fourrage attribués à leurs grades.

24.

Service des Capitaines de remplacement.

LE Capitaine de remplacement attaché à la première compagnie de chaque bataillon, la commandera au défaut des Capitaines-commandans & en ſecond, ou ſubordonnément à eux quand ils ſeront préſens, & ſupérieurement aux Lieutenans.

Toutes les ſois que le premier Capitaine-commandant d'un bataillon commandera ce bataillon, au défaut du Meſtre-de-camp en ſecond ou du Lieutenant-colonel, le Capitaine en ſecond de ſa compagnie qui le remplacera, le ſera lui-même par le Capitaine de remplacement.

Dans les compagnies où il y aura un Capitaine de remplacement, & lorſqu'il ſera préſent, le Lieutenant en ſecond lui rendra compte de la ſeconde diviſion, & il en ſera reſponſable au Capitaine-commandant; le Capitaine en ſecond n'aura alors à rendre compte à celui-ci, que de la première diviſion.

25.

Nomination aux emplois de Capitaines de remplacement.

LES Meſtres-de-camp-propriétaires ou Commandans, propoſeront aux emplois de Capitaines de remplacement, d'abord & à leur rang d'ancienneté, les Capitaines réformés à la ſuite de leurs régimens, s'il y en a:

Et enſuite, où dès ce premier inſtant, s'il n'y a point de Capitaines réformés à la ſuite de leurs régimens, les Meſtres-de-camp-propriétaires ou Commandans, pourront propoſer pour Capitaines de remplacement, les Officiers de leurs régimens ou de tout autre, qu'ils jugeront convenir à ces emplois.

Âge & ſervices exigés.

Sa Majeſté veut cependant que les Officiers propoſés pour Capitaines de remplacement, aient au moins l'âge de dix-huit ans, & trois ans de ſervice en qualité de Lieutenant ou de Sous-lieutenant.

Elle permet que des Officiers des Troupes à cheval ſoient nommés Capitaines de remplacement de l'Infanterie, comme Elle permettra que des Officiers tirés de l'Infanterie ſoient nommés Capitaines de remplacement des Troupes à cheval.

26.

LES Capitaines de remplacement, concourront avec les Lieutenans, pour être nommés aux emplois de Capitaine en ſecond, mais ſeulement à leur rang de Lieutenant, & du jour dont ils auront eu des Lettres de ce grade; & s'ils n'avoient été que Sous-lieutenans

& point Lieutenans, ils concourroient avec les Lieutenans comme s'ils l'étoient de la date ſeulement de leur commiſſion de Capitaine.

27.

LES deux troiſièmes Sous-lieutenans de chaque régiment d'Infanterie, prendront, au lieu de ce titre que Sa Majeſté ſupprime, celui de *Sous-lieutenant de remplacement.*

Nomination aux emplois de Sous-lieutenans de remplacement.

Les Meſtres-de-camp-propriétaires ou Commandans, propoſeront aux ſix autres emplois de Sous-lieutenans de remplacement, & enſuite à ces huit emplois lorſqu'ils viendront à vaquer, des Sous-lieutenans à la ſuite de leurs régimens, & de nouveaux ſujets à l'alternative ou par moitié; c'eſt-à-dire, que lorſqu'il y aura à la fois pluſieurs Sous-lieutenans à remplacer & pluſieurs emplois à nommer, ils ſeront donnés moitié aux premiers & moitié à de nouveaux ſujets; & lorſqu'enſuite il n'y aura plus à la fois qu'un emploi à donner, il le ſera à l'alternative, d'abord à un Sous-lieutenant à la ſuite, & après à un nouveau ſujet.

Et s'il n'y a point de Sous-lieutenant à la ſuite d'un régiment, ou lorſque tous ſeront remplacés, le Meſtre-de-camp-propriétaire ou Commandant, pourra propoſer de nouveaux ſujets à tous les emplois de Sous-lieutenant de remplacement.

28.

Suite des diſpoſitions relatives aux Officiers réformés & à la ſuite, & aux emplois de remplacement.

LES Capitaines réformés & Sous-lieutenans à la ſuite d'un régiment, ſeront rappelés, conſéquemment aux diſpoſitions précédentes, aux emplois de Capitaines & de Sous-lieutenans de remplacement à leur rang. Ceux qui ne pourroient l'être encore, attendront chez eux leur rang à être rappelés & remplacés; & juſqu'à ce qu'ils le ſoient, ils ne ſeront tenus à aucun ſervice. Ils auront ſoin d'inſtruire les Meſtres-de-camp-commandans des régimens à la ſuite deſquels ils ſont réformés, de leur demeure, afin que ces Meſtres-de-

camp

camp puiſſent leur annoncer leur remplacement, & leur donner alors les ordres néceſſaires. Ceux qui ne profiteroient pas des bontés de Sa Majeſté dans les moyens qu'Elle leur offre d'être remplacés à leur rang, & de rentrer en activité à ſon ſervice, perdroient dès-lors tout droit de l'être, & leur rang ſeroit paſſé.

29.

LES Officiers à la ſuite pourront encore être propoſés par les Meſtres-de-camp-propriétaires ou Commandans de tout régiment & de toute arme, à tels emplois de Capitaine de remplacement, ou de Sous-lieutenant en pied ou de remplacement, auxquels il conviendroit à ces Meſtres-de-camp de les propoſer comme nouveaux ſujets, en obſervant ce qui eſt preſcrit dans les articles 25 & 27, relativement à la nomination de ceux-ci.

30.

MAIS après le remplacement des Capitaines réformés & Sous-lieutenans à la ſuite, Sa Majeſté ne s'aſtreint point à nommer à tous les emplois de Capitaine & de Sous-lieutenant de remplacement; Elle n'entend même ſoutenir l'inſtitution de ces emplois qu'autant de temps qu'Elle le jugera à propos.

Sa Majeſté n'exigeant point des Meſtres-de-camp de propoſer à tous les emplois de remplacement au complet, Elle entend qu'ils ne propoſent à ces emplois que des ſujets qui pourront y convenir, & à qui leur fortune permettra de ſe paſſer des appointemens qu'il n'eſt pas entré dans ſes vues de leur attribuer.

Elle ſe réſerve, indépendamment des propoſitions des Meſtres-de-camp-propriétaires ou Commandans, de nommer à des emplois de Capitaine ou de Sous-lieutenant de remplacement, des ſujets à qui il lui conviendra de les donner.

31.

Rang des Sous-lieutenans de remplacement.

LES Meſtres-de-camp-propriétaires ou Commandans, propoſeront, s'ils le jugent à propos, des Sous-lieutenans de remplacement aux emplois de Sous-lieutenans en pied & avec appointemens; mais les Sous-lieutenans de remplacement n'y auront aucun droit.

Ils conserveront néanmoins, en restant Sous-lieutenans de remplacement, leur rang parmi les Sous-lieutenans en pied, & ils concourront avec eux, selon la date de leurs brevets de Sous-lieutenans, tant pour le commandement & le service, que pour être nommés aux emplois de Lieutenant en second.

32.

Cadets-Gentilshommes.

MAIS l'intention de Sa Majesté est que dans les régimens où il reste encore des Cadets-gentilshommes, & jusqu'à ce qu'ils soient éteints, les Mestres-de-camp-propriétaires ou Commandans les proposent aux emplois de Sous-lieutenant en pied & avec appointemens, de préférence aux Sous-lieutenans de remplacement ou à tout autre sujet; hors qu'il n'y ait, relativement à ces Cadets-gentilshommes, des raisons d'exclusion ou de retard dont il sera rendu compte au Secrétaire d'État de la guerre, qui prendra les ordres de Sa Majesté à leur égard.

33.

VEUT même Sa Majesté que les Cadets-gentilshommes déjà nommés Sous-lieutenans, ou qui le seront à l'avenir, reprennent le rang sur les Sous-lieutenans en pied ou de remplacement, promus à ce grade de préférence à eux, & d'une date postérieure à celle dont ils sont Cadets-gentilshommes; Sa Majesté, conséquemment à l'article précédent, exceptant de ce rang à leur rendre, le cas où la nomination de ces Cadets-gentilshommes à un emploi de Sous-lieutenant, auroit été retardée, pour quelque raison de mécontentement ou de négligence de service.

34.

Pages & Élèves de l'École militaire.

SA MAJESTÉ se réserve de nommer ses Pages & les Élèves de l'École militaire, à tels emplois qu'il lui conviendra de leur donner, & à quelqu'époque de l'année que ce soit indistinctement.

Et ſi quelques-uns ont été nommés ou ſont encore à l'avenir nommés Sous-lieutenans, avant des Cadets-gentilshommes placés avant eux dans le régiment où ils entrent, ils feront ſoumis à la règle par laquelle Sa Majeſté rend à ceux-ci devenus Sous-lieutenans, le rang ſur eux.

35.

Age, & preuves exigées pour être Sous-lieutenans en pied ou de remplacement.

AUCUN ſujet ne ſera propoſé par un Meſtre-de-camp-propriétaire ou Commandant, pour être Sous-lieutenant en pied ou de remplacement, qu'autant qu'il aura l'âge de quinze ans révolus, & qu'il aura fait devant le Généalogiſte de Sa Majeſté, les mêmes preuves de Nobleſſe exigées pour les Élèves de l'École militaire. Il ſera tenu de produire ſon extrait de baptême, avec le certificat de ce Généalogiſte; & ces deux pièces ſeront annexées au Mémoire du Meſtre-de-camp qui le propoſera.

Sa Majeſté excepte de cette règle les fils des Chevaliers de Saint-Louis. Elle permet qu'ils lui ſoient propoſés, en produiſant les brevets de leurs pères, ou des certificats authentiques qu'ils ont été décorés de la Croix de Saint-Louis; & ces pièces ſeront jointes, avec leur extrait de baptême, au Mémoire qui les propoſera.

36.

Service des Sous-lieutenans de remplacement.

LES Sous-lieutenans de remplacement ſeront attachés, ainſi que le premier Sous-lieutenant, à la première diviſion de leur compagnie. Lorſqu'ils ſeront préſens, ils ſeront chargés ſpécialement de la troiſième ſub-diviſion de cette diviſion. Le Sergent qui la commande leur rendra compte, & ils rendront compte eux-mêmes au Lieutenant.

37.

Temps de leur ſervice.

ILS ne ſeront tenus de ſervir pendant la paix, que du 1.er de Juin au 1.er d'Octobre; hors que des ordres particuliers n'apportent des changemens à cette diſpoſition.

38.

Et de celui des Capitaines de remplacement.

IL en ſera de même des Capitaines de remplacement.

39.

Création d'un Adjudant, augmentation de Tambours, & réunion des Muſiciens à l'État-major.

SA MAJESTÉ ayant jugé néceſſaire à ſon ſervice, d'établir dans chaque régiment un Adjudant de plus, un ſeul ne ſuffiſant pas à toutes les fonctions & aux détails dont il étoit chargé; ayant arrêté en outre de ſubſtituer des Tambours aux Muſiciens dans les compagnies où ils étoient compris, en réuniſſant ceux-ci à l'État-major:

État-major.

Il ſera composé à l'avenir d'un Meſtre-de-camp-commandant, d'un Meſtre-de-camp en ſecond, d'un Lieutenant-colonel, d'un Major, d'un Quartier-maître-tréſorier, de deux Porte-drapeaux, de deux Adjudans, d'un Chirurgien-major, d'un Aumônier, d'un Tambour-major, de huit Muſiciens & d'un Armurier.

40.

OUTRE les Officiers ſupérieurs ci-deſſus déſignés, Sa Majeſté conſerve aux régimens de Savoie-Carignan & de Rohan-Soubiſe, leurs Meſtres-de-camp-propriétaires.

41.

Fonctions du Major.

LE Major de chaque régiment, continuera d'y ſurveiller tous les détails de ſervice, police & diſcipline.

Comptes à rendre par les Officiers ſupérieurs de l'État-major.

Les Capitaines-commandans, conſéquemment à l'article 19, lui rendront compte; il rendra compte au Lieutenant-colonel, le Lieutenant-colonel au Meſtre-de-camp en ſecond, & le Meſtre-de-camp en ſecond, au Meſtre-de-camp-commandant.

Indépendamment des comptes que le Meſtre-de-camp-commandant doit rendre à l'Inſpecteur de ſon régiment, au Commandant de la Province & au Secrétaire d'État de la guerre, il rendra compte au Meſtre-de-camp-propriétaire des régimens, à la tête deſquels Sa Majeſté a jugé à propos d'en établir.

42.

Le Quartier-maître-tréforier de chaque régiment, aura le rang de Lieutenant. *Quartier-maître.*

Les Porte-drapeaux auront celui de derniers Sous-lieutenans. *Porte-drapeaux.*

Et les Adjudans celui de premiers Sergens-majors. Ils commanderont à tous les Sergens-majors, & au Tambour-major. *Adjudans.*

43.

L'intention de Sa Majefté étant que les Adjudans ne perdent point, en continuant d'être Adjudans, les avantages & les récompenfes que leurs fervices les mettront dans le cas de mériter; ils dateront fans être Officiers, pour toute efpèce de récompenfe & de grâce, de l'époque à laquelle, à leur ancienneté de Sergens-majors, ils auroient pu mériter de l'être. Cette date fera pour eux celle de laquelle un Sergent-major moins ancien qu'eux, auroit été fait Officier; & lorfqu'enfuite ils le feront eux-mêmes, il reprendront leur rang fur ce dernier.

44.

Le Tambour-major aura le rang de Sergent-major. Il commandera aux Muficiens, comme aux Tambours. *Tambour-major.*

45.

Sa Majesté a réfolu d'accorder à fon Infanterie françoife, une augmentation de paye pendant la guerre; & voulant en outre apporter à l'état de quelques grades, des changemens par lefquels fon objet eft fur-tout de diftinguer les anciens Officiers; Elle a arrêté que les appointemens & folde feroient payés à l'avenir ainfi qu'il fuit: *Appointemens & folde.*

46.

Par an, fur le pied de paix: *Appointemens, pied de paix. État-major.*

Au Meftre-de-camp-commandant de chaque régiment d'Infanterie Françoife, *quatre mille livres.*

Au Meftre-de-camp en fecond, *dix-huit cents livres.*

Au Lieutenant-colonel, *trois mille ſix cents livres.*

Au Major, *trois mille livres.*

Au Quartier-maître-tréſorier, *douze cents livres*, ou par mois *cent livres.*

A chaque Porte-drapeau, *ſept cents vingt livres*, ou par mois *ſoixante livres.*

Au Chirurgien-major, *douze cents livres*, ou par mois *cent livres.*

A l'Aumônier, *ſix cents livres*, ou par mois *cinquante livres.*

A chaque Adjudant, *cinq cents quarante livres*, ou *trente ſous* par jour, ou par mois *quarante-cinq livres.*

Officiers des compagnies. A chacun des deux premiers Capitaines-commandans, *deux mille quatre cents livres.*

A chacun des huit autres Capitaines-commandans, *deux mille livres.*

A chacun des deux premiers Capitaines en ſecond, *quinze cents livres.*

A chacun des huit autres Capitaines en ſecond, *douze cents cinquante livres.*

A chaque Lieutenant en premier, *neuf cents livres.*

A chaque Lieutenant en ſecond, *huit cents livres.*

A chaque Sous-lieutenant en pied, *ſept cents vingt livres.*

Augmentation ſur le pied de guerre. Tous les appointemens ci-deſſus, ſeront augmentés d'un quart en ſus ſur le pied de guerre.

47.

Solde, pied de paix. Compagnies de Fuſiliers. PAR jour, ſur le pied de paix :

Au Sergent-major d'une compagnie de Fuſiliers, *dix-ſept ſous.*

A chaque autre Sergent ou Fourrier, *treize ſous quatre deniers.*

A chaque Caporal de Fuſiliers, *neuf ſous quatre deniers.*

Au premier Appointé de chaque compagnie de Fuſiliers, *ſept ſous quatre deniers.*

A chaque autre Appointé, *ſix ſous dix deniers.*

A chaque Fuſilier, ou Tambour d'une compagnie de Fuſiliers, *ſix ſous quatre deniers.*

De Grenadiers. Au Sergent-major de la compagnie de Grenadiers, *dix-huit ſous.*

A chacun des quatre autres Sergens & au Fourrier, *quinze ſous quatre deniers.*

A chaque Caporal de Grenadiers, *dix ſous quatre deniers.*

Au premier Appointé de la compagnie de Grenadiers, *huit ſous quatre deniers.*

A chaque autre Appointé, *ſept ſous dix deniers.*

A chaque Grenadier, ou Tambour de la compagnie de Grenadiers, *ſept ſous quatre deniers.*

A tous les bas Officiers, Soldats & Tambours de la compagnie de Chaſſeurs, la même ſolde qu'aux bas Officiers de même grade, Soldats & Tambours de la compagnie de Fuſiliers. *De Chaſſeurs.*

Au Tambour-major, *dix-ſept ſous.* *Tambour-major.*

A chaque Muſicien, *douze ſous.* *Muſiciens.*

A l'Armurier, *ſix ſous quatre deniers.* *Armurier.*

Au premier Tambour de chaque bataillon ayant le grade d'Appointé, indépendamment de ſa ſolde, *un ſou* de haute-paye.

48.

IL ſera retenu par jour ſur la ſolde de tous les bas Officiers, Grenadiers, Chaſſeurs, Fuſiliers, Tambours, Muſiciens & Armurier, ſeize deniers à chaque Sergent-major, Tambour-major, Sergent ou Fourrier ; & huit deniers à tous les grades inférieurs, pour former une *maſſe de linge & chauſſure :* cette maſſe ſera conſervée dans la caiſſe du régiment ; & le décompte en ſera fait aux ſuſdits bas Officiers & Soldats, tous les quatre mois. *Maſſe de linge & chauſſure.*

49.

LA moitié de la ſolde de tous les bas Officiers & Soldats abſens par congé, & la ſolde entière de ceux qui n'auront pas rejoint à l'expiration de leurs congés, ſeront réunies à ladite maſſe.

50.

LES objets d'entretien auxquels eſt deſtinée la maſſe de linge & chauſſure, devenant plus diſpendieux pendant la guerre, Sa Majeſté accorde par jour, ſur le pied de guerre, un ſupplément de ſolde de huit deniers à chaque *Supplément de solde sur le pied de guerre.* bas Officier & Soldat : ce supplément sera réuni à la masse de linge & chaussure établie par les articles précédens, & en augmentation de cette masse.

51.

LES Adjudans seront exceptés des dispositions relatives à la masse de linge & chaussure, à laquelle ils n'auront nulle part. Il ne leur sera point fait de retenue pour y fournir, & ils ne recevront point, pendant la guerre, le supplément de solde établi par l'article précédent.

52.

Masse générale.

IL sera formé une *masse générale*, pour laquelle Sa Majesté fera payer sur le pied de paix, quarante livres par an par chaque Adjudant, Sergent-major, Tambour-major, Sergent, Fourrier, Caporal, Appointé, Grenadier, Chasseur, Fusilier, Tambour, Musicien & Armurier au complet. Cette masse destinée aux dépenses de Recrues, d'habillement, d'équipement, d'entretien & de réparation, sera chargée en outre de la retenue de la capitation & des quatre deniers pour livre de tous les appointemens & de la solde ; elle sera payée par mois au Quartier-maître-trésorier de chaque régiment, & déposée dans la caisse ; & elle sera régie par le Conseil d'administration.

53.

Haute-paye des Tambours.

IL sera payé à chaque Tambour, sur cette masse, une haute-paye de deux sous par jour, au moyen de laquelle il sera tenu d'entretenir sa caisse de peaux & de cordages, & de se fournir de baguettes.

54.

Augmentation à la masse générale, sur le pied de guerre.

LA masse générale sera sur le pied de guerre, de quarante-cinq livres par an par chaque bas Officier & Soldat.

55.

MAIS l'intention de Sa Majesté n'est pas qu'un régiment sur le pied de guerre, quant au nombre, soit pour cela,

cela, sur le pied de guerre, quant à la solde : ce dernier n'aura lieu que de l'époque à laquelle Sa Majesté l'ordonnera.

56.

L'ARMEMENT de l'Infanterie continuera de lui être fourni des magasins de Sa Majesté. *Armement.*

57.

TOUTES les dispositions prescrites par la présente Ordonnance, relativement aux appointemens, à la solde & aux masses, auront lieu de l'époque fixée pour son exécution ; mais Sa Majesté, en faisant jouir son Infanterie, à l'instant même, des augmentations qu'Elle accorde, ne veut pas qu'aucun Officier perde rien de son état actuel. En conséquence, Elle ordonne que les Capitaines en second actuels, dont les appointemens seront de douze cents cinquante livres, reçoivent en supplément, sur la masse générale, la somme nécessaire pour parfaire les mêmes appointemens dont ils jouissoient, sans que ce supplément puisse aucunement s'étendre à ceux qui leur succéderont dans leurs emplois.

58.

Exécution de la présente Ordonnance.

POUR parvenir dans chaque régiment, à l'exécution de la présente Ordonnance, l'Inspecteur, à qui Sa Majesté en aura donné l'ordre, fera mettre ce régiment sous les armes, après en avoir prévenu le Commandant de la Place où il sera en garnison, & en présence du Commissaire des guerres qui en aura la police.

59.

Revues à faire par l'Inspecteur & par le Commissaire des guerres.

CET Inspecteur fera une revue de ce régiment, & le Commissaire des guerres fera en même temps la sienne, pour servir au payement dudit régiment jusqu'au jour de sa nouvelle composition exclusivement.

60.

Choix du second Adjudant.

L'INSPECTEUR ordonnera ensuite au Mestre-de-camp-commandant, de choiſir entre tous les Sergens-majors, Sergens & Fourriers, le ſujet qu'il jugera le plus propre à remplir la ſeconde place d'Adjudant; celui qui le remplacera à l'emploi qu'il quittera, ſera nommé en même temps, ainſi que le Soldat qui ſera promu au grade de Caporal, & ces bas Officiers ſeront reçus ſur le champ à leurs emplois.

61.

Inſtrumens ou Muſiciens.

IL ſera remplacer les Inſtrumens ou Muſiciens, juſqu'alors compris dans les compagnies, & qui déſormais ſeront réunis au nombre de huit à l'État-major, par un même nombre de Soldats que le Meſtre-de-camp-commandant aura fait choiſir, & qu'il aura déſignés pour Tambours.

62.

Appointés.

L'INSPECTEUR ordonnera enſuite que les dix plus anciens Fuſiliers de chaque compagnie de Fuſiliers, & les huit plus anciens Grenadiers ou Chaſſeurs de la compagnie de Grenadiers & de celle de Chaſſeurs, ſoient reconnus pour Appointés à la tête de leurs compagnies; & que le plus ancien Tambour de chaque bataillon le ſoit de même à la tête des Tambours.

63.

Répartition des Fuſiliers, & formation des eſcouades.

IL ordonnera que les Fuſiliers de chaque compagnie y ſoient répartis dans les eſcouades à leur rang; le premier Fuſilier dans la première, le ſecond dans la ſeconde, le troiſième dans la troiſième, le quatrième dans la quatrième, le cinquième dans la cinquième, le ſixième dans la ſixième, le ſeptième dans la ſeptième, le huitième dans la huitième, le neuvième dans la neuvième, le dixième dans la dixième; & enſuite le onzième dans la première, le douzième dans la ſeconde, & ainſi de ſuite, en comprenant dans cette répartition & à leur rang, les Fuſiliers qui ſe trouveroient aux Hôpitaux ou abſens:

Que les Grenadiers & les Chaſſeurs ſoient répartis de même, dans les huit eſcouades de leur compagnie:

Que les eſcouades ainſi formées, le premier Caporal de chaque compagnie, & ſous lui le premier Appointé, aient le commandement de la première; le ſecond Caporal & le ſecond Appointé, celui de la ſeconde, & ainſi de ſuite:

Qu'enſuite les ſubdiviſions ſoient formées; dans les compagnies de Fuſiliers, la première, de la première & ſixième eſcouades; la ſeconde, de la ſeconde & ſeptième, &c. Dans la compagnie de Grenadiers & dans celle de Chaſſeurs; la première, de la première & cinquième eſcouades; la ſeconde, de la ſeconde & ſixième, &c. & que les Sergens prennent le commandement de ces ſubdiviſions à leur rang; le premier Sergent celui de la première, le ſecond celui de la ſeconde, &c. *Formation des ſubdiviſions.*

64.

MAIS ce rang une fois établi entre les eſcouades & les ſubdiviſions, l'Inſpecteur ordonnera qu'il reſte à perpétuité le même, c'eſt-à-dire que l'eſcouade déſignée la première ſoit toujours la première; l'eſcouade déſignée la ſeconde, toujours la ſeconde, &c. quel que ſoit le rang des Caporaux qui les commanderont:

Que de même les ſubdiviſions une fois établies première, ſeconde, &c. & formées à perpétuité des mêmes eſcouades, conſervent toujours le même rang entre elles, quel que ſoit celui des Sergens qui les commanderont:

Qu'ainſi les diviſions intérieures des compagnies n'éprouvent de changemens, que par les recrues qui entreront dans les compagnies de Fuſiliers, ou les nouveaux Grenadiers & Chaſſeurs dans les compagnies de Grenadiers & de Chaſſeurs; ou par le remplacement de leurs bas Officiers promus à de nouveaux grades. *Diviſions intérieures des compagnies, invariables.*

65.

Formation des diviſions.

ENFIN il ordonnera que les diviſions ſoient formées : dans les compagnies de Fuſiliers, la première, de la première, troiſième & cinquième ſubdiviſions ; la ſeconde, de la ſeconde & quatrième ſubdiviſions.

Dans la compagnie de Grenadiers & dans celle de Chaſſeurs ; la première, de la première & troiſième ſubdiviſions ; la ſeconde, de la ſeconde & quatrième ſubdiviſions.

Et que dans chaque compagnie, le Lieutenant en premier, & ſous ſes ordres le premier Sous-lieutenant, aient le commandement, l'inſpection & la police ſpéciale de la première diviſion ; & de même le Lieutenant en ſecond, & ſous ſes ordres le ſecond Sous-lieutenant, celui de la ſeconde diviſion.

66.

Formation des chambrées & des ordinaires.

LES chambrées & les ordinaires ſeront formés, autant qu'il ſe pourra, dans l'ordre des eſcouades, ſubdiviſions & diviſions, ci-deſſus indiqué ; de manière que les Soldats des mêmes eſcouades, ſubdiviſions & diviſions, logeant & vivant, ou enſemble, ou le plus près qu'il ſe pourra, ſoient conſtamment ſoumis à la vigilance & police des mêmes bas Officiers.

Mais ces diviſions de police intérieure ſeront ſubordonnées dans l'ordre de bataille, à ce que preſcrit l'Ordonnance de l'Exercice, relativement à la diſpoſition des Soldats dans le rang, & aux diviſions qui doivent y être obſervées.

67.

Commandement des deux premières compagnies.

APRÈS ces diſpoſitions relatives à l'ordre intérieur des compagnies, l'Inſpecteur ordonnera que les deux premiers Capitaines en ſecond paſſent aux deux premières compagnies de Fuſiliers, pour les commander ſous l'autorité des deux premiers Capitaines-commandans, & qu'ils ſoient remplacés aux compagnies qu'ils quitteront,

quitteront, par les Capitaines en second jusqu'alors attachés aux deux premières compagnies, qui se trouveront moins anciens qu'eux:

Que la compagnie de Grenadiers soit toujours commandée par le troisième Capitaine-commandant: *De la compagnie de Grenadiers.*

Celle de Chasseurs, par celui des sept derniers Capitaines-commandans que le Mestre-de-camp-commandant jugera le plus propre à ce service: *De celle de Chasseurs.*

Et que cet ordre dans le commandement des compagnies soit toujours observé à l'avenir:

Qu'ainsi les deux premières compagnies du régiment, commandées par les deux premiers Capitaines-commandans, & sous leurs ordres par les deux premiers Capitaines en second, en restent toujours les premières, passant seulement d'un bataillon à l'autre, selon le rang respectif de leurs Capitaines-commandans, sans que les deux premiers Capitaines en second attachés à ces compagnies, changent de l'une à l'autre, quel que soit leur rang entr'eux.

68.

L'INSPECTEUR ordonnera que les deux troisièmes Sous-lieutenans déjà attachés aux deux premières compagnies, y soient reconnus comme Sous-lieutenans de remplacement. *Officiers de remplacement.*

Et s'il a plu à Sa Majesté de nommer déjà à des emplois de Capitaines de remplacement, que les brevets en aient été expédiés, & que les sujets pourvus de ces emplois soient présens, l'Inspecteur les fera recevoir en cette qualité aux deux premières compagnies.

Il fera recevoir de même aux autres compagnies de Fusiliers, les Sujets à qui Sa Majesté auroit accordé des emplois de Sous-lieutenant de remplacement.

Et ſi Sa Majeſté n'a point nommé à tous, ou à une partie des emplois de Capitaines & de Sous-lieutenans de remplacement, il préviendra le Meſtre-de-camp-commandant qu'il peut propoſer au Secrétaire d'État de la guerre les Sujets qu'il jugera y convenir; ſans pourtant devoir ſe faire une loi de nommer à tous, & ſe conformant d'ailleurs à tout ce que preſcrit la préſente Ordonnance relativement auxdits emplois.

69.

Seconde revue.

CES différentes opérations terminées, l'Inſpecteur fera une revue du régiment.

Le Commiſſaire des guerres fera auſſi la ſienne pour ſervir, à compter de ce jour, au payement du nouvel état d'appointemens & de ſolde & de la maſſe.

Procès-verbal de la nouvelle compoſition.

Il conſtatera la nouvelle compoſition du régiment, par un procès-verbal, dont un double ſera adreſſé au Secrétaire d'État de la guerre, & un autre au Tréſorier.

70.

Chaſſeurs & Grenadiers excédans, employés comme Surnuméraires.

LES bas Officiers & Chaſſeurs qui ſe trouveront dans la compagnie de Chaſſeurs, au-delà du nombre fixé par la préſente Ordonnance, ſeront employés & payés comme ſurnuméraires, juſqu'à ce que cette compagnie ſoit ramenée au nombre auquel Sa Majeſté a jugé à propos de la réduire, pour que ſa formation fût aſſimilée à celle de la compagnie de Grenadiers.

Il en ſera de même des Grenadiers qui ſe trouveront dans la compagnie de Grenadiers excéder le nombre que Sa Majeſté a également fixé pour ces deux Troupes.

71.

Examen des fonds en caiſſe.

LE régiment étant de retour dans ſes quartiers, l'Inſpecteur fera aſſembler le Conſeil d'adminiſtration. Il examinera les fonds reſtans en caiſſe, & fera former des états ſéparés, tant de l'argent de la maſſe générale, que de celui de la maſſe de linge & chauſſure, & de celle des Quinze livres qui appartiennent à chaque homme, & qui continuera d'avoir lieu comme auparavant. Il ſera certifier ces états par le Conſeil d'adminiſtration, & il les viſera; ils formeront le premier article de ceux que la nouvelle compoſition exige. L'Inſpecteur adreſſera au Secrétaire d'Etat de la guerre, des doubles de tous les états que ſon opération l'aura mis dans le cas de former.

MANDANT Sa Majeſté à Monſ. le Prince de Condé, Colonel général de l'Infanterie françoiſe & étrangère, de tenir la main à l'exécution de la préſente Ordonnance.

MANDE & ordonne Sa Majeſté aux Officiers généraux ayant commandement ſur ſes Troupes, aux Gouverneurs, Lieutenans généraux, Commandans en chef & en ſecond dans ſes provinces, aux Inſpecteurs généraux de ſes Troupes, aux Gouverneurs & Commandans de ſes villes & places, aux Meſtres-de-camp de ſes régimens d'Infanterie françoiſe & étrangère, aux Intendans en ſes provinces & ſur ſes frontières, aux Commiſſaires des guerres & à tous autres ſes Officiers qu'il appartiendra, de tenir la main à l'exécution de la préſente Ordonnance.

FAIT à Verſailles le douze juillet mil ſept cent quatre-vingt-quatre. *Signé* LOUIS. *Et plus bas,* LE M.[AL] DE SÉGUR.

LOUIS-JOSEPH DE BOURBON, Prince DE CONDÉ, Prince du Sang, Pair & Grand-maître de France, Lieutenant général des Armées du Roi, Chevalier de ſes Ordres, Gouverneur & Lieutenant général des provinces de Bourgogne & de Bresse, Colonel général de l'Infanterie françoise & étrangère.

VU l'Ordonnance provisoire du Roi, des autres parts, du 12 du présent mois, signée Louis, & plus bas, le M.al de Ségur, concernant la formation & la solde de l'Infanterie françoise; ladite Ordonnance à nous adressée, pour tenir la main à son exécution:

NOUS, en vertu du pouvoir que nous en avons, à cause de notre place de Colonel général de l'Infanterie françoise & étrangère : MANDONS & ordonnons à tous Mestres-de-camp-commandans, Mestres-de-camp-lieutenans-commandans, Mestres-de-camp en second, Mestres-de-camp-lieutenans en second, Lieutenans-colonels, Majors, & autres Officiers des régimens d'Infanterie françoise & étrangère, de se conformer à ladite Ordonnance, & de la faire exécuter, chacun en ce qui le concerne: En foi de quoi nous avons fait expédier la présente, que nous avons signée & fait contre-signer par le Secrétaire général de l'Infanterie françoise & étrangère.

DONNÉ à Paris, le dix-huit juillet mil sept cent quatre-vingt-quatre. *Signé* LOUIS-JOSEPH DE BOURBON. *Et plus bas*, Par Son Altesse Sérénissime. *Signé* BOULOGNE DE LASCOURS.

TABLEAU des Appointemens & Solde.

INFANTERIE FRANÇOISE.	PIED DE PAIX.			PIED DE GUERRE.		
	Par jour.	Par mois.	Par an.	Par jour.	Par mois.	Par an.
A chacun des deux premiers Capitaines-commandans de chaque régiment, six livres treize sous quatre deniers sur le pied de paix; & huit livres six sous huit deniers sur le pied de guerre, ci.......	6l 13s 4d	200l ″s ″d	2400l	8l 6s 8d	250l ″s ″d	3000l
A chacun des huit autres Capitaines-commandans, cinq livres onze sous un denier un tiers en paix; & six livres dix-huit sous dix deniers deux tiers en guerre.....	5. 11. 1 ⅓	166. 13. 4	2000.	6. 18. 10 ⅔	208. 6. 8	2500.
A chacun des deux premiers Capitaines en second, quatre livres trois sous quatre deniers en paix; & cinq livres quatre sous deux deniers en guerre............	4. 3. 4	125. ″ ″	1500.	5. 4. 2	156. 5. ″	1875.
A chacun des huit autres Capitaines en second, trois livres neuf sous cinq deniers un tiers en paix; & quatre livres six sous neuf den. deux tiers en guerre..........	3. 9. 5 ⅓	104. 3. 4	1250.	4. 6. 9 ⅔	130. 4. 2	1562.10s
A chaque Lieutenant en premier, deux livres dix sous en paix; & trois livres deux sous six deniers en guerre.................	2. 10. ″	75. ″ ″	900.	3. 2. 6	93. 15. ″	1125.
A chaque Lieutenant en second, deux livres quatre sous cinq den. un tiers en paix; & deux livres quinze sous six deniers deux tiers en guerre.................	2. 4. 5 ⅓	66. 13. 4	800.	2. 15. 6 ⅔	83. 6. 8	1000.
A chaque Sous-lieutenant en pied, deux livres en paix; & deux livres dix sous en guerre.......	2. ″ ″	60. ″ ″	720.	2. 10. ″	75. ″ ″	900.
Au Sergent-major de la compagnie de Grenadiers, dix-huit sous en paix; & dix-huit sous huit deniers en guerre...........	″ 18. ″	27. ″ ″	324.	″ 18. 8	28. ″ ″	336.
A chacun des quatre autres Sergens & au Fourrier des Grenadiers, quinze sous quatre deniers en paix; & seize sous en guerre.......	″ 15. 4	23. ″ ″	276.	″ 16. ″	24. ″ ″	288
A chaque Caporal de la compagnie de Grenadiers, dix sous quatre deniers en paix; & onze sous en guerre...............	″ 10. 4	15. 10. ″	186.	″ 11. ″	16. 10. ″	198.

	PIED DE PAIX.			PIED DE GUERRE.		
	Par jour.	Par mois.	Par an.	Par jour.	Par mois.	Par an.
Au premier Appointé de ladite compagnie, huit ſous quatre deniers en paix; & neuf ſous en guerre...	″ˡ 8ˢ 4ᵈ	12ˡ 10ˢ ″ᵈ	150ˡ	″ˡ 9ˢ ″ᵈ	13ˡ 10ˢ ″ᵈ	162ˡ
A chacun des ſept autres Appointés, ſept ſous dix deniers en paix; & huit ſous ſix deniers en guerre..................	″ 7. 10	11. 15. ″	141.	″ 8. 6	12. 15. ″	153.
A chaque Grenadier ou Tambour, ſept ſous quatre deniers en paix; & huit ſous en guerre....	″ 7. 4	11. ″ ″	132.	″ 8. ″	12. ″ ″	144.
A chaque Sergent-major de Fuſiliers ou de Chaſſeurs, dix-ſept ſous en paix; & dix-ſept ſous huit deniers en guerre...........	″ 17. ″	25. 10. ″	306.	″ 17. 8	26. 10. ″	318.
A chaque autre Sergent, treize ſous quatre deniers en paix; & quatorze ſous en guerre.......	″ 13. 4	20. ″ ″	240.	″ 14. ″	21. ″ ″	252.
A chaque Fourrier de Fuſiliers ou Chaſſeurs, treize ſous quatre deniers en paix; & quatorze ſous en guerre................	″ 13. 4	20. ″ ″	240.	″ 14. ″	21. ″ ″	252.
A chaque Caporal de Fuſiliers ou de Chaſſeurs, neuf ſous quatre deniers en paix; & dix ſous en guerre..................	″ 9. 4	14. ″ ″	168.	″ 10. ″	15. ″ ″	180.
Au premier Appointé de chaque compagnie de Fuſiliers ou de Chaſſeurs, ſept ſous quatre deniers en paix; & huit ſous en guerre....	″ 7. 4	11. ″ ″	132.	″ 8. ″	12. ″ ″	144.
A chaque autre Appointé, ſix ſous dix deniers en paix; & ſept ſous ſix deniers en guerre.....	″ 6. 10	10. 5. ″	123.	″ 7. 6	11. 5. ″	135.
A chaque Fuſilier, Chaſſeur & Tambour de Fuſiliers ou de Chaſſeurs, ſix ſous quatre deniers en paix; & ſept ſous en guerre..	″ 6. 4	9. 10. ″	114.	″ 7. ″	10. 10. ″	126.
Au plus ancien Tambour de chaque bataillon, ayant le grade d'Appointé, ſept ſous quatre den. en paix; & huit ſous en guerre..	″ 7. 4	11. ″ ″	132.	″ 8. ″	12. ″ ″	144.
Ou ſi ce Tambour eſt aux Grenadiers, huit ſous quatre den. en paix; & neuf ſous en guerre..	″ 8. 4	12. 10. ″	150.	″ 9. ″	13. 10. ″	162.

ÉTAT-MAJOR.

A chaque Meſtre-de-camp-commandant de chaque régiment d'Infanterie françoiſe, onze livres

	PIED DE PAIX.			PIED DE GUERRE.		
	Par jour.	Par mois.	Par an.	Par jour.	Par mois.	Par an.
deux ſous deux deniers deux tiers en paix; & treize livres dix-ſept ſous neuf deniers un tiers en guerre..................	$11^{l}\ 2^{s}\ 2^{d}\ \frac{2}{3}$	$333^{l}\ 6^{s}\ 8^{d}$	4000^{l}	$13^{l}\ 17^{s}\ 9^{d}\ \frac{1}{3}$	$416^{l}\ 13^{s}\ 4^{d}$	5000^{l}
A chaque Meſtre-de-camp en ſecond, cinq livres en paix; & ſix livres cinq ſous en guerre.....	5. // //	150. // //	1800.	6. 5. //	187. 10. //	2250.
A chaque Lieutenant-Colonel, dix livres en paix; & douze livres dix ſous en guerre...........	10. // //	300. // //	3600.	12. 10. //	375. // //	4500.
A chaque Major, huit livres ſix ſous huit deniers en paix; & dix livres huit ſous quatre deniers en guerre..................	8. 6. 8	250. // //	3000.	10. 8. 4	312. 10. //	3750.
A chaque Quartier-maître-tréſorier, trois livres ſix ſous huit deniers en paix; & quatre livres trois ſous quatre deniers en guerre.	3. 6. 8	100. // //	1200.	4. 3. 4	125. // //	1500.
A chaque Porte-drapeau, deux livres en paix; & deux livres dix ſous en guerre............	2. // //	60. // //	720.	2. 10. //	75. // //	900.
A chaque Adjudant, une livre dix ſous en paix; & une livre dix-ſept ſous ſix deniers en guerre....	1. 10. //	45. // //	540.	1. 17. 6	56. 5. //	675.
A chaque Chirurgien-major, trois livres ſix ſous huit deniers en paix, & quatre livres trois ſous quatre deniers en guerre......	3. 6. 8	100. // //	1200.	4. 3. 4	125. // //	1500.
A chaque Aumônier, une livre treize ſous quatre deniers en paix; & deux livres un ſou huit deniers en guerre................	1. 13. 4	50. // //	600.	2. 1. 8	62. 10. 0	750.
A chaque Tambour-major, dix-ſept ſous en paix; & dix-ſept ſous huit deniers en guerre........	// 17. //	25. 10. //	306.	// 17. 8	26. 10. //	318.
A chaque Muſicien, douze ſous en paix; & douze ſous huit deniers en guerre................	// 12. //	18. // //	216.	// 12. 8	19. // //	228.
A chaque Armurier, ſix ſous quatre deniers en paix; & ſept ſous en guerre............	// 6. 4	9. 10. //	114.	// 7. //	10. 10. //	126

A PARIS, DE L'IMPRIMERIE ROYALE. 1784.

www.ingramcontent.com/pod-product-compliance
Lightning Source LLC
LaVergne TN
LVHW010013230826
846092LV00002B/800